Violetta
und der Storch

Violetta wagt zu träumen

Mechthild Rex-Najuch
Illustrationen: Ignasi Blanch Gisbert

Wichtige Worte vorweg

Von Anfang an ist diese Fabel ungewöhnlich gewesen. Denn Violetta und der Storch ist nicht handwerklich korrekt entstanden, sondern aus einem kreativen Dialog geboren. Einem Dialog zwischen meinem Freund Ignasi Blanch und mir. Wir kannten uns schon viele Jahre, als wir einem Impuls folgten, der in seiner Verrücktheit nur vollständig verständlich ist, wenn man kreative Prozesse kennt. Unsere Abmachung war, einen Dialog zu führen, ohne miteinander zu sprechen. Nur der kreative Prozess sollte wirken. Darüber hinaus hatten wir beide die Erlaubnis, in den jeweiligen anderen Teil eingreifen dürfen. Das allein ist schon eine Herausforderung, denn es verändert den eigenen Prozess maßgeblich und permanent. Unser Experiment brauchte große Offenheit, Vertrauen, Liebe und Aufmerksamkeit. Das trauten wir uns und unserer Freundschaft zu.

Das passende Format war schnell gefunden: ein Leporello, also ein Faltbuch. Aufgrund des Leporelloformats hatten wir jeweils immer nur ein Blatt vor uns und entwickelten es auf dem nächsten Blatt weiter. Als Frau der Worte schrieb ich überwiegend und machte ein paar Kritzeleien. Ignasi, als Mann der Bilder, zeichnete. In beiden Fällen ein intensiver Einfluss. Da wir die Figuren nicht kannten, überraschten sie uns und forderten uns heraus. Zumal in der Fantasie immer alles möglich ist und zwei kreative Köpfe sich potenzieren. Wir lebten mit unseren Figuren und nach ungefähr sechs Monaten begannen wir auch wieder über den kreativen Dialog hinaus miteinander zu sprechen.

Das bedeutet, wir hatten weder einen Plan, wie die Geschichte gehen sollte, noch kannten wir Inhalt, Figuren oder Bilder. Tatsächlich hatten wir noch nicht einmal ein eindeutiges Thema. Damals haben wir uns beide unabhängig voneinander mit Resilienz beschäftigt. Keine große Überraschung, dass sich dieses heimliche Thema auch in der Fabel spiegelte. Unser erklärtes Ziel war: Es sollte schön sein und glücklich machen.

So haben wir beide diese Geschichte erschaffen. Nach jeder Seite musste unser Leporello per Post auf die Reise gehen. Und es ist ein weiter Weg zwischen Barum in Norddeutschland und Barcelona in Katalonien – ungefähr 1760 km pro Strecke. Das Original ist also weit gereist. Ich erinnere mich noch gut an die ungläubigen Augen unserer Freunde, als sie feststellten, wie wir vertrauensvoll und unbefangen das sich vervollständigende Original verschickten, ohne Kopie. Die einzigen am Tisch, die lachten, waren Ignasi und ich, denn wir fanden es vollkommen normal. Wir hatten unseren Prozess und das war genug. Es waren unsere Freunde, die meinten, dass diese Fabel in die Welt gehört. Eine Welt, die so dringend die Kraft guter Geschichten braucht. Weil Menschen schon immer aus Fabeln, Märchen und Geschichten gelernt haben, gaben wir ihnen recht.

Und so laden wir dich ein, diese spannende Reise von Violetta zu verfolgen und dich von ihr so berühren zu lassen, wie sie uns berührt hat. Wir haben auf der gemeinsamen, inneren Reise viel über uns selbst gelernt. Ein Geschenk, das wir uns gemacht haben und mit dir teilen wollen. Denn diese Fabel ist für Erwachsene über das wirklich Wesentliche.

Verschlafen tappte sie barfuß über den kalten Küchenboden.

Was sie jetzt unbedingt brauchte, war ein Tee. Schwarz. Mit Kandis.

Das Dämmerlicht des beginnenden Tages tauchte die Küche in ein zartes Rosa.

Sogar die Schleife um das Paket leuchtete rosa.

Paket … Tisch … Sie runzelte die Stirn. Wie kam es dorthin? Weder konnte sie sich vorstellen, es dort hingestellt noch es gepackt zu haben.

Keine Erinnerung.

Zögernd trat sie näher und begann, es zu untersuchen.

Schwarzer Samt mit rosa Schleife. Ein Blickfang. Merkwürdig.

Ihre Finger ertasteten klare, feste Konturen. Ah, da war eine Vertiefung, eine Beschädigung des Samtes. Sie kniff die Augen zusammen.

Buchstaben. Das konnte es am ehesten sein. Dieses <u>nz</u> machte das Paket zu einem Gegenstand, der sie fesselte und durcheinanderbrachte. Irgendetwas stimmte nicht.

Welches Wort? Was tun? Weitergeben? Aber dann – an wen? Oder öffnen?

Und was würde dann geschehen?

So viele Fragen, und dabei hatte der Tag gerade erst begonnen.

Langsam rann der Tee ihre Kehle hinunter. Warm und wohlig, genau das brauchte sie jetzt.

Sie rieb die Füße aneinander. Versonnen verfolgte sie, wie auch die Füße rosa glänzten. Schöne Füße.

Waren es die Füße oder das Rosa, das die Farbe ausmachte? Und wäre es nicht großartig, eine Welt ganz in Rosa zu erschaffen? Während der Gedanke von ihr Besitz ergriff, betrachtete sie ihre kleine, schäbige Küche, die jetzt wie verzaubert wirkte.

Ihre Augen wanderten zu dem Paket zurück, das sie wieder an den Rand des Tisches gestellt hatte. Während es vorher noch groß und ein wenig unordentlich gewirkt hatte, war es nun klein, handlich und sehr einladend, wahrhaftig schön. Ihr Blick wanderte zu der Schleife. Diese rosa Schleife, unglaublich, mädchenhaft. Aber wie war das Paket in ihre Küche gekommen? Sie konnte sich nicht erinnern. Und waren nicht eben noch zwei Buchstaben an der Kante des Paketes gewesen? Wo waren die geblieben?

Hatte sie sich das nur eingebildet? Aber sie hatte sie doch gesehen, und das Päckchen war immer noch in ihrer Küche.

Das war real. All das war real.

So gerne würde sie das Paket öffnen und nachsehen, was darin war, aber zwei Gründe hielten sie ab:

Erstens wusste sie nicht, ob es richtig wäre, es zu öffnen.

Und zweitens: Würde dann der Zauber erhalten bleiben?

Versonnen betrachtete sie den Fußboden, und

während sie das tat, fiel ihr ein, was die Wahrheit war.

Die Wahrheit war, dass sie nicht wagte, einen einzigen Schritt zu tun. Jeder Schritt könnte ein falscher sein. Aber war nicht ein falscher Schritt besser als keiner? Wer hatte ihr das nur gesagt? Noch während sie dieser Frage nachhing, veränderte sich der hübsche rosafarbene Fußboden, wurde zu runden Kieselsteinen, die sich unverhofft in Glassplitter verwandelten.

Jeder Schritt ein Schnitt.

Konzentriert brachte sie ihre Füße in Sicherheit, versteckte sie auf der Sitzfläche unter ihrem Rock. Fliegen wäre etwas Sicheres. Genau, fliegen müsste sie können.

Mit geschlossenen Augen sah sie sich selbst, wie sie über dem Küchenboden schwebte. Nun, schweben wäre zumindest ein Anfang, ein erster Schritt in Richtung Freiheit. Ein Lachen löste sich aus ihrer warmen Kehle. In dem Moment veränderte sich ihre Welt.

Schnell öffnete sie die Augen. Tatsächlich, sie schwebte. Mitten in ihrer Küche, und von dort konnte sie alles aus einem neuen Blickwinkel erkennen. Alles war über Kopf, unten war oben und oben war unten. Alle Wichtigkeiten schienen ihr wie Nichtigkeiten.

Was für ein Zauber war das? Ihr ureigener oder der des rosafarbenen Lichtes?

Schweben, welch großartiger Zustand!

Das vehemente Klopfen am Fenster ließ sie die Augen öffnen. Ihr Blick traf auf einen schwarzen Zylinder, unter dessen Rand zwei violett-blaue Augen hervorlugten. In dem weißen Gesicht steckte ein roter Schnabel, der unbeirrt weiter an die Scheibe klopfte. Mit jedem Klopfen verrutschte der Zylinder ein kleines bisschen, ohne jedoch abzustürzen.

Zögerlich öffnete sie, noch immer schwebend, das Fenster.

„Meister Adebar, was willst du denn hier?", fragte sie den Storch, der sie unverwandt ansah.

„Guten Morgen, Violetta. Ich mach dich wach", antwortete er und sein Gesicht verzog sich zu einem leichten Schmunzeln.

Ihre Gedanken purzelten durcheinander und bildeten neue Muster. Konnte das sein? Er, Meister Adebar, sprach mit ihr – oder vielmehr: Sie sprach mit ihm, dem Storch? Was war los mit diesem Tag, oder sollte sie besser fragen, was mit ihr selbst los war? Und wozu würde er führen, dieser Tag?

„Flieg mit mir!" Adebars raue, drängende Stimme zwang sie zurück in die Gegenwart.

So gerne würde sie ja sagen und es einfach tun. Manchmal genügte schon eine kleine Änderung des Blickwinkels, und mitunter eröffnete sich eine ganz neue Lebensqualität. Und wie wäre diese Änderung? Klein? Auf keinen Fall. Sie wäre groß.

„Nun denk nicht so viel. Hätte ich immer vorher so viel gedacht, gäbe es schon lange keine Störche mehr", krächzte Adebar und klang dabei noch energischer als zuvor.

Sie würde später versuchen herauszufinden, an wen diese Stimme sie erinnerte. Jetzt wollte sie es wagen, sie wollte fliegen. Allerdings wusste sie nicht, wie.

„Adebar", rief sie. „Hilf mir, ich kann nicht fliegen!"

Aber der winkte nur ungeduldig mit den Flügeln. Sein „Beeil dich" war eindeutig, und so gab sie sich einen Ruck und flog ihm nach. Ihre Arme verwandelten sich von ganz alleine in Flügel und trugen sie sicher hinter Adebar her.

Wohin ihre Reise wohl ging? Violetta bemerkte, wie sich etwas in ihr ausbreitete, etwas Ungewohntes, etwas, das sie in ihrem Leben unterwegs verloren hatte. Hoffnung. Erstaunt bemerkte sie, wie die Hoffnung sie einhüllte und ausfüllte. Wie angenehm. „Hoffnung ist das Federding." Emily Elizabeth Dickinson hatte Recht. Hoffnung war, was gerade aus ihr erwuchs und das sie unendlich weit tragen konnte.

Sie flogen lange. Schweigsam. Violetta betrachtete begeistert die Welt von oben.

Wie schön alles war. Das hatte sie vollkommen vergessen.

„Achtung!" Adebars Stimme riss sie aus ihrer Versunkenheit. „Wir sind da."

Violetta staunte nicht schlecht. Sie landeten mitten in einem riesigen Storchennest. Davon hatte sie schon als kleines Mädchen geträumt.

Unvermittelt erinnerte sie sich. Unbeirrbar hatte sie damals darauf bestanden, fliegen zu können.

Gelandet war sie in ihren Träumen immer in einem Storchennest. Dort konnte sie rasten oder aufbrechen zum nächsten Abenteuer.

Während die Erwachsenen in ihrem Leben starrsinnig behauptet hatten, dass sie nur träume, stellte sie sich die Frage, ob nicht ihre Träume die wirkliche Wirklichkeit bildeten.

Übrig geblieben war ein Gefühl der Fremdheit, das sie zeitlebens in sich konserviert hatte.

Dieser kultivierten Form ihrer Einsamkeit und Schutzlosigkeit einer übergroßen Welt gegenüber, hatte sie nur eines entgegenzusetzen - ihre Fantasie.

Heute schien ein guter Tag zu sein. Schließlich war sie endlich dort angekommen. Im Storchennest, dem Ort ihrer Träume.

Neugierig fragte sie: „Und jetzt?" Adebar sagte nichts, sondern führte sie in einen alten Fahrstuhl und pickte mit dem Schnabel auf ein buntes Symbol. Der Fahrstuhl setzte sich in Bewegung. Violetta fühlte den Ruck in ihrem Magen.

Unten angekommen öffnete sich der Fahrstuhl und sie standen vor einer Treppe.

Die wenigen Stufen führten hinunter zu einer bunten Tür.

Eigenartig genug, dass es in einem Storchennest einen Fahrstuhl und eine Treppe gab, aber diese Tür war der Gipfel. Sie war ganz anders als alle Türen, die sie kannte. Aus schwarzem Ebenholz war sie und rund, geschmückt mit roten Federn um die Klinke herum, und diese wiederum war selbst geschmückt mit bunten Edelsteinen. Ihr Blick blieb an einem Fenster hängen.

Auf Zehenspitzen linste sie durch das Bullauge hindurch und traute ihren Augen nicht. Hinter der Tür war ein Raum mit schwarzen Wänden. In der Mitte des Raumes stand ein riesiger Diwan, auf dem bunte Kissen lagen. Auf einem Kissen thronte, deutlich sichtbar, das schwarze Paket, groß, mit der vertrauten großen rosa Schleife.

Aber da war noch mehr. Was war das? Da lag etwas um das Kissen herum. Etwas, das sie nicht kannte. Sie zögerte.

„Du darfst eintreten", hörte sie Adebar neben sich.

„Woher weißt du das?", fragte Violetta, noch immer unsicher.

„Ist dein Zimmer. Wartet schon immer auf dich", murmelte Adebar.

Wäre sie alleine an diesem Ort gewesen, hätte sie niemals gewagt, die Tür zu öffnen. Doch die Neugierde in ihrem Herzen tanzte Polka.

Unvermittelt fand sie sich am Ende des Diwans

wieder. Um das Paket herum lagen kleine, ihr unbekannte Gegenstände. Bizarr. Schön. „Ein Muster", dachte sie.

„Wann machst du es endlich auf?" Erneut riss Adebars Stimme sie aus ihrer Versunkenheit. Ihr Blick folgte seinem Flügel, dann auch ihren Händen, die zärtlich über die rosa Schleife strichen.

Mit einem herzhaft-mutigen Ruck zog sie die Schleife auf. Verwirrt blickte Violetta auf die Zeichen vor ihr, die wie in einem Nest auf dem Kissen lagen.

Vor ihren Augen entstanden Worte, doch keines konnte alle Buchstaben in sich vereinigen.

Adebar klapperte mit dem Schnabel, und da sah sie es.

RESILIENZ

„Was bedeutet das?"

Adebar lächelte. Seine blauen Augen funkelten.

„Das ist deine Aufgabe. Finde es heraus." Mit diesen Worten verschwand er und ließ sie alleine zurück. Nur ein kleiner, wirrer rosa Faden lag dort, wo er vorher gesessen hatte.

Lange Zeit saß Violetta vollkommen bewegungslos.

Dann kam Bewegung in sie. Wofür konnte dieses Wort stehen? Vergessen war das Nest. Vergessen war der verschwundene Adebar. Sie hatte nur noch sich selbst, und sie brauchte ein Lexikon, um die Erklärung für dieses Wort zu finden. Resilienz.

Ihr Blick glitt an den Wänden entlang, und dann entdeckte sie es. Das Regal war versteckt und verschwand in der Nische der Wand.

„Merkwürdig", dachte sie. „So wenige Bücher." Genau genommen waren es nur drei, die sie eindeutig erkennen konnte. Allerdings wirkte das Regal, als wäre es in Bewegung und berge viele Bücher im Hintergrund.

Jedes der sichtbaren Bücher sah wie ein Lexikon aus, mit einem schimmernden Buchrücken, goldenen Schnörkeln und einem ledernen Buchumschlag.

Obwohl sie so dick waren, wogen die Bücher fast nichts. Eigenartig leicht lagen sie in ihren Händen und die Blätter, die sie enthielten, waren leer.

Frustriert und ärgerlich wollte sie die Bücher zurück schieben, als sie leises Gelächter hörte.

Woher kam das? Wieder suchten ihre Augen vergeblich nach einer Antwort. Das Lachen wurde lauter und war so ansteckend, dass Violetta mitlachte, bis ihr die Tränen die Wangen herabliefen. Das hatte sie lange nicht getan.

„Nun gut", sprach sie zu den Büchern. „Wenn ihr leer seid, dann kann ich euch Worte geben." Begeistert klatschte sie in die Hände. Das würde ein Abenteuer werden. Eine Welt, die sie allein definierte. Bücher, die nur enthielten, was sie wusste und was ihr wichtig erschien. Eifrig machte sie sich ans Werk.

Ein heftiger Windstoß wirbelte Blätter durch die Luft.

„Wie wundervoll!" Violetta klatschte erneut in die Hände. „Jetzt habe ich Papier zum Vorschreiben." Sie nahm eines der herumflatternden Blätter und wollte zu schreiben beginnen. Zwangspause. Ohne Stift würde es nicht gehen. Noch ehe sie es richtig gedacht hatte, hielt sie einen Füller in der Hand. Und Violetta begann zu schreiben. Jeder Begriff füllte ein ganzes Blatt.

Sie begann mit dem Wort „Anfang". Anfänge erschienen ihr als das Schönste überhaupt. Aber Angst machten sie auch. Und Angst war ein ihr sehr vertrautes Gefühl.

Noch während sie das Wort ansah, spürte sie, wie Ängste sie anzufüllen begannen. „Angst braucht ein Gefäß", schrieb sie. Dann: „Bin ich das einzige Gefäß?" Und: „Wozu ist sie gut?"

Angestrengt legte sie die Stirn in Falten.

„Beschützer" kam als nächstes Wort. „Wer beschützt mich?"

Sie lauschte. Regentropfen. Violetta lief zum Fenster und sah hinaus. Regen spendete Leben. Ihre Haut wurde nass. Aber sie bemerkte es kaum.

Dann dachte sie an die Sonne, die über den Wolken wohnte. Kaum gedacht, war Violetta auch schon trocken.

Eine leichte Brise streichelte ihre Wangen. Sie schrieb „Brise" – angenehm. Dann „Sturm" – als ihre Haare und das Papier und die Bücher im Raum herumflogen, schrieb sie: „lieber nicht", und der Sturm legte sich. Wieder runzelte sie die Stirn. Dieser Raum war anders. Unmöglich zu ergründen, was wirklich geschah. Etwas in ihr wollte weiterschreiben.

B" wie Bäume. Große, starke Bäume. Sie hatten eine eigene Sprache. Wieder hielt sie inne. Stimmte das? In ihrer Erinnerung wurde der Baum vor ihrem Kinderzimmer wieder lebendig. Sein Rauschen und Knarren, das ihr ins Ohr flüsterte, dass alles wieder gut würde und alles einen Sinn hätte.

Dann folgte „Besorgnis“. Unangenehm. „Wer sich sorgt, leidet zwei Mal.“ Sie schrieb auch das hin.

„Freunde“. Das fühlte sich wirklich gut an. Lachen, Kochen, Essen, Gespräche. Wie lange war es her, dass sie zum letzten Mal so gewesen war? Ewigkeiten.

„Gemeinsamkeit“.

Gemeinsamkeit und Ewigkeit. Passten diese beiden Worte auf ein Blatt Papier? Sie versuchte es. Doch es wollte nicht gelingen. Dann eben nicht.

Gemeinsam einsam, fiel ihr ein. Paare hatte sie immer beneidet. Bis sie selbst Teil eines Paares gewesen war. So gut hatte es sich gar nicht angefühlt. Jetzt fühlte sie sich traurig. Unvollständig.

Noch eine Seite. „Ewigkeit“. Dazu fiel ihr der Winter ein. Ihr erstes Gefühl von Ewigkeit, an das sie sich erinnern konnte – Schnee. Als Kind hatte sie ihn gemocht. Eine Welt aus Puderzucker. Violetta begann zu lachen. Ansteckend. Laut.

Mit ihrem Lachen schien der Bann gebrochen. Es wurde einfacher und die Worte flossen geradezu auf das Papier. Sie schrieb sie untereinander und malte um alle Anfangsbuchstaben einen Kreis.

Ruhe

Einfachheit

Siegesfreude

Innovation

Liebe

Intelligenz

Emotion

Nähe

Zuversicht

Von oben nach unten gelesen ergaben die bunten Kringel das Wort „Resilienz". Hatte sie die Definition unabsichtlich gefunden? Alle diese Qualitäten kannte und hatte sie. Auch alle anderen Worte waren ein Teil ihres Lebens. Ging es darum? Widerstandskraft zu entwickeln aus all den Erfahrungen?

Vor ihr lagen die Blätter, eines über dem andern. Ein ordentlicher kleiner Haufen. Nun musste sie das Geschriebene nur noch in die Bücher übertragen. Um dem Alphabet Rechnung zu tragen, würde sie Seiten frei lassen müssen.

Schwierig.

Unerwartet zuversichtlich öffnete sie das erste Buch, wollte mit dem Wort „Anfang“ beginnen. Ihr stockte der Atem. Eine Erscheinung. Sie selbst. Auf der ersten Seite. Nackt. Mit Engelsflügeln. Und sie sah sich tanzen. So viele Möglichkeiten einer bunten Welt.

Vor ihrem inneren Auge erschienen andere Länder, unbekannte Menschen, Musik. Sie konnte nicht entscheiden, womit sie beginnen sollte. Am liebsten hätte sie alles gleichzeitig gemacht.

Die Stimme ihres Vaters klang in ihren Ohren:

„Du kannst nicht alles auf einmal haben.“ – „Ich schon“, hatte sie jedes Mal trotzig geantwortet. Sollte er nun doch Recht bekommen?

Ihr war heiß und ein Schweißtropfen machte sich unerbittlich auf den Weg von ihrer Stirn hinunter zwischen ihre Brüste. Beiläufig fing sie ihn mit ihren Fingern auf. Dann hielt sie inne.

Wieso war es denn plötzlich so heiß?

„Erinnere dich, wo du bist, Violetta“, ermahnte sie sich. Sie sah wieder auf das Buch vor sich, sah die erste Seite, sah den grüßenden Mann, der ihr zuzwinkerte. Es wurde noch heißer. Sie sah an sich herab. Sie war nackt. Hatte der Mann sie so gesehen und ihr wirklich zugewinkt oder drohte sie den Verstand zu verlieren?

Vorsichtig winkte sie zurück, eigentlich nur als zaghaften Versuch herauszufinden, ob alles real war. Und dann passierte es. Der Mann kam auf sie zu, zog seinen Hut, verneigte sich und sie begannen zu tanzen. Verzweifelt wünschte sich Violetta ihre Kleidung zurück, doch der Mann hielt sie unbeirrt fest. Sie tanzten Tango, als hinge ihr Leben davon ab. „Vergiss deine Kleidung“, flüsterte er. „Darunter sind wir alle nackt. Jetzt ist jetzt und wir tanzen. Das ist alles, was es braucht.“

Der Klang seiner Stimme kam Violetta vertraut vor, doch wieder einmal wollte ihr nicht einfallen, woher sie sie kannte. Sie schloss die Augen und gab sich vollkommen ihm, dem Tanz und der Musik hin. Dann, nach einer gefühlten Ewigkeit, hörte die Musik zu spielen auf.

Violetta öffnete die Augen, spannte unvermittelt ihre Flügel auf und flog davon.

Sie landete auf der Dachterrasse ihres Hauses. Als ihre Füße den kühlen Stein berührten, wurde ihr klar, dass es inzwischen Nacht geworden war. Auch ihre Kleidung umhüllte sie wieder. Auf der Karte stand: „Danke für den gemeinsamen Tanz.

Es war ein Traum. Tanzen wir wieder? Und wann?"

„Schon morgen", flüsterte sie leise.

Violetta lächelte. Es war also alles irgendwie wahr, doch das würde sie vorsichtshalber für sich behalten. Dann fiel ihr das Bild von der ersten Seite des Buches ein. Sie sah das Paar, sich selbst, dann den Raum, in den Adebar sie geführt hatte, sah den Diwan, den ordentlichen Stapel beschriebener Blätter, dann wieder den Nachthimmel und sich selbst tanzend mit Leonardo.

Nun hatte er also einen Namen.

Wie sollte diese Geschichte weitergehen? Hatte sie vielleicht schon angefangen, oder war das nur ein Vorgeschmack auf das gewesen, was hätte kommen können? Konnte man gemeinsam träumen? Sich im Traum das erste Mal begegnen? In ihr breitete sich ein Zögern aus.

Wo war der richtige Anfang und was passierte, wenn sie die falsche Entscheidung traf?

Und war das alles real oder erlaubte sich jemand einen schlechten Scherz? Kaum hatten sich diese Gedanken in ihr eingenistet, da wurde ihre Welt weniger bunt. Es war, als würde sie alles aus weiter Ferne betrachten und es hätte nichts mehr mit ihr zu tun. In Gedanken spielte sie alle Risiken durch und nährte damit ihr Zögern. Es fühlte sich schal an.

Der Blumenstrauß in der Spüle verblasste. Das wollte sie nicht. Sie wollte die Farbe in ihrem Leben behalten. Schnell schaute sie auf die bunte Blütenpracht in ihren Händen, die unverändert wirkte.

So könnte es gehen. Mit dem Bunten vor Augen machte sie sich ein wenig verzagt auf den Weg.

„Mutig sein heißt nicht, keine Angst zu haben", murmelte sie leise.

Sie würde ihn finden, und dann würde ihr neues Leben beginnen.

Wie wird Violettas
Geschichte weitergehen?

Wieviel Mut hat sie, um ihr Leben zu verändern?

Wird sie Leonardo wirklich begegnen?

Kann sie ihrer Sehnsucht folgen und gewinnen? All diese Fragen werden im 2. Teil beantwortet.

Hier ein kleiner Ausschnitt aus dem Anfang von *Violetta wagt zu leben*:

Das erste Mal seit Langem war sie einfach unterwegs gewesen. Es tat ihr gut. Sie ging umher, ziellos und ohne genau zu wissen, wo sie hinwollte. Viel zu eindringlich war die bunte Welt, die sie nun erkennen konnte. Ihr neues Leben hatte bereits begonnen, aber das wusste sie noch nicht.

Ihr ursprünglicher Plan war gewesen, Leonardo zu finden. Doch den Plan hatte sie schnell vergessen. Nacht für Nacht tanzten sie gemeinsam, dann flog sie nach Haus und an jedem Morgen fand sie neue bunte Blumen vor der Tür. Das genügte fürs Erste.

Jeden Morgen sprang sie neugierig aus dem Bett, lief barfüßig in die Küche, nahm ihren Tee und holte die Blumen vor der Tür. Leonardo schrieb ihr täglich schöne Worte:

„Ich habe unseren Tanz sehr genossen. Alles ist leicht mit dir", oder Ähnliches.

Doch heute hatten seine Worte ungewohnt geklungen: „Was ist das nur mit dir, dass ich nicht mehr will, als dich zu träumen?“

„Woher soll ich das wissen?“, murmelte Violetta leise. Nur wenige Momente später fühlte sie, wie der bittere Geschmack der Enttäuschung in ihr aufstieg. Nur träumen? War sie nicht gut genug für mehr? Und war nicht alles, was sie erlebten, auch Wirklichkeit? Ging es wirklich schon wieder darum, was real war und was nicht?

Danksagung

Ein Buch dieser Art kann nie ohne Helfer fertig werden. Oft bleiben sie im Hintergrund.

Wir holen sie nach vorne. Ohne Sandra Nowack, meine unglaubliche Lektorin, ohne Katrin Muser, deren digitale und kreative Kompetenz eine Wohltat ist, ohne unsere Freunde, die uns ermutigt haben, ohne euch alle gäbe es dieses Buch nicht.

Danke für eure Geduld und Unnachgiebigkeit, das Beste aus uns herauszuholen.

Mein besonderer Dank gilt Claudia Wondratschke. Du hast dieses Buch mit dem neuen Layout noch schöner gemacht. Danke für Deine Geduld bei den unzähligen Änderungen, die wir gemacht haben.

Violetta
und der Storch
Violetta wagt zu träumen
Mechthild Rex-Najuch
Illustrationen: Ignasi Blanch Gisbert

Violetta wagt zu leben
Mechthild Rex-Najuch
Illustrationen: Ignasi Blanch Gisbert

Auf dem Weg zu dir mit Violetta
Das Workbook
Mechthild Rex-Najuch
Illustrationen: Ignasi Blanch Gisbert

Violetta und der Storch
Teil 1 & 2
Violetta wagt zu träumen
Violetta wagt zu leben
Mechthild Rex-Najuch
Illustrationen: Ignasi Blanch Gisbert

Bilder einer Wanderschaft
Mechthild Rex-Najuch
Illustrationen Ignasi Blanch Gisbert

Mechthild Rex-Najuch
Stress ist kein Monster
13 Dinge, die Du über Stress wissen solltest

damit Leben Lernen?
Cybermobbing – eine Therapiegeschichte
Mechthild Rex-Najuch
Roman

Jutta Böttcher
Dr. Gunther Schmidt
Hochsensibilität
Worauf es in der Begleitung Hochsensibler ankommt
Fach Buch

Als KURT Weihnachtsmann werden wollte
Mechthild Rex-Najuch
audio4you

Mechthild Rex-Najuch
Violetta und der Storch
Teil 1 & Teil 2
Violetta wagt zu träumen
Violetta wagt zu leben
Markus Sellmann
audio4you

Bilder einer Wanderschaft
Mechthild Rex-Najuch
Illustrationen Ignasi Blanch Gisbert

SCHMERZFREI

Mechthild Rex-Najuch
Zukunft gesucht

Betriebs-
temperatur
37° Celsius
Die faszinierenden Wechselwirkungen menschlicher Körpersysteme

Bevor Du gehst...

Kein Buch lebt ohne seine Leser*innen. Danke, dass du das Buch bis hierhin gelesen hast.

Und noch eine Bitte:
Wenn dir Bücher gefallen, egal ob meine oder die meiner Kolleg*innen, dann rezensiere sie. Leider ist es in unserer Zeit notwendig, alles zu bewerten. Das ist auch in der Bücherwelt so. Ein paar Worte genügen. Denn nur durch Rückmeldungen können Autoren erfahren, wie ihre Leser*innen über ihre Werke denken.

Um auf dem Laufenden zu bleiben, melde dich gerne bei meinem Newsletter unter www.rex-najuch.com an.

Mechthild Rex-Najuch

Mechthild Rex-Najuch ist Heilpraktikerin, lebt und arbeitet in eigener Praxis in Norddeutschland. In ihrer Freizeit schreibt sie Geschichten, weil sie heilsam sind und das Leben schöner machen. Obwohl schon seit ihrer Jugend Schreiben zu ihrem Lebenselixier gehört, hat sie sich spät entschieden, ihre Texte öffentlich zu machen. Denn sie glaubt, die Welt braucht gute Geschichten. Mit ihren Werken inspiriert und unterstützt sie Menschen dabei, ein schöneres Leben zu führen und sich dabei persönlich weiterzuentwickeln. Bisher veröffentlichte sie diverse Fachbücher, Bücher zum Thema Selbsterfahrung, Selbsthilfe und Eigenverantwortung, einen Roman, mehrere Fabeln, Kurzge-schichten und Märchen.

www.facebook.com/MRexNajuch
www.instagram.com/erfuellungsvision
www.instagram.com/rex.zitate
www.pinterest.de/rexnajuch1
www.tiktok.com/@rexnajuch
www.tiktok.com/@erfuellungsinspiration
www.rex-najuch.com

Ignasi Blanch Gisbert

lgnasi Blanch Gisbert ist ein bekannter Illustrator aus
Katalonien.
Er illustrierte unzählige Bücher, die Berliner Mauer und
mehrere Hospitäler.
Mit all seinen Projekten versucht er, das Leben
anderer schöner zu machen.

www.facebook.com/ignasi.blanch.l
www.instagram.com/blanchignasi

Impressum

Mechthild Rex-Najuch
An der Sporthalle 3
29576 Barum
E-Mail: autorin@rex-najuch.de

ISBN: 9798677134487
Imprint: Independently published
© Mechthild Rex-Najuch 2024